GW00393413

Περιπέτεια στην Ελλάδα

Adventure in Greece

Περιπέτεια στην Ελλάδα

Adventure in Greece

A Bilingual Story

Athina Veloudou

Hugh Finlayson

First paperback edition June 2022

ISBN: 9798835749874 (paperback)
ASIN: B0B3W91K5D (ebook)

Table of Contents

Introduction...I

Κεφάλαιο ένα: Φτάνοντας στην Ελλάδα

Chapter One: Arriving in Greece.........................1

Κεφάλαιο δύο: Συναντώντας την οικογένεια

Chapter Two: Meeting the Family........................4

Κεφάλαιο τρία: Το δείπνο

Chapter Three: The Dinner................................9

Κεφάλαιο τέσσερα: Το πρωινό

Chapter Four: The Breakfast.............................13

Κεφάλαιο πέντε: Η Ακρόπολη

Chapter Five: The Acropolis.............................19

Κεφάλαιο έξι: Απόγευμα στην Αθήνα

Chapter Six: Afternoon in Athens.......................25

Κεφάλαιο επτά: Βράδυ στα Εξάρχεια

Chapter Seven: Evening in Exarchia.....................31

Κεφάλαιο οκτώ: Ταξιδεύοντας για την Επίδαυρο

Chapter Eight: Travelling to Epidaurus 38

Introduction

Christos is a young man from England, brought up by Greek parents. Follow him as he travels through the beautiful country of Greece while attempting to improve his Greek. But things don't always go to plan…

This bilingual story has been carefully crafted for advanced beginners up to intermediate learners of modern Greek. It is constructed using simple, common expressions in all three tenses, and avoids using confusing vocabulary and grammar. The reader should have some knowledge of both aspects of Greek verbs before starting.

This book is specially designed for building a foundation in Greek vocabulary that the reader can draw from naturally and automatically. The Greek text has been written by a native speaker, who has taken care to translate expressions into their most natural Greek form, which occasionally includes common but essential idiomatic expressions. Every sentence has been negotiated with the English author, who is himself a student of Greek, to find the most helpful translation. The authors keep as close to a word-for-word translation as possible without compromising the natural Greek.

You should enjoy the story and read at your own pace, no matter how slowly. As you read, the essential vocabulary will be repeated again and again to strengthen your foundation in Greek. The result will be a rewarding process as you realise you are reading page after page in Greek, and finding that your ability to recall Greek words improves effortlessly.

This book is the first in a coming series following Christos' adventures as he travels throughout Greece.

III

Κεφάλαιο ένα: Φτάνοντας στην Ελλάδα

Chapter One: Arriving in Greece

Λέγομαι Χρήστος και είμαι από την Αγγλία. Αυτή είναι η ιστορία των ταξιδιών μου στην όμορφη Ελλάδα.

My name is Christos and I am from England. This is the story of my travels through beautiful Greece.

Έφτασα στο αεροδρόμιο της Αθήνας αρχές Ιουνίου. Ήμουν κουρασμένος από το ταξίδι, αλλά ενθουσιασμένος που θα περάσω το καλοκαίρι στην Ελλάδα.

I arrived at Athens airport in early June. I was tired from the journey, but excited to spend the summer in Greece.

Αφού το διαβατήριο μου ελέγχθηκε, πήρα τις αποσκευές μου, και ύστερα πήγα να βρω τον ξάδερφο μου τον Νίκο που με περίμενε για να πάει στο σπίτι του με το αυτοκίνητο.

After my passport was checked, I got my baggage, and then I went to find my cousin Nikos, who was waiting for me to drive me to his house.

Ξαφνικά ένιωσα κάποιον να με ακουμπάει στον ώμο και γύρισα να δω ποιός είναι. Μια φωνή μου είπε «Τι κάνεις Χρήστο!»

Suddenly I felt someone tap me on my shoulder, and I turned around to see who it was. "Christos, how are you!" said a voice to me.

Ήταν ο ξάδερφος μου ο Νίκος. Χαιρετηθήκαμε με τον ελληνικό τρόπο ενός φιλιού στο κάθε μάγουλο.

It was my cousin Nikos. We greeted each other in the Greek way of one kiss on each cheek.

«Μια χαρά είμαι Νίκο, ευχαριστώ! Αλλά είμαι λίγο κουρασμένος από την πτήση», είπα.

"I'm great, thank you, Nikos! But I'm a little tired from my flight," I said.

«Πάμε στο αυτοκίνητο. Έχουμε πολύ φαγητό στο σπίτι, που το έφτιαξε η θεία σου», είπε ο Νίκος.

"Let's go to the car. We have lots of food at home, which was made by your aunt," said Nikos.

«Τέλεια, πεινάω πολύ!» είπα.

"Excellent, I'm very hungry!" I said.

Όπως βγήκαμε από το αεροδρόμιο στο πάρκινγκ, παρόλο που ήταν βράδυ, ο αέρας ήταν πολύ ζεστός.

As we walked out of the airport into the car park, even though it was evening, the air was very warm.

Βάλαμε τις βαλίτσες στο αυτοκίνητο.

We put the bags in the car.

Ξεκινήσαμε να ανταλλάσσουμε ιστορίες για το τι κάνουμε τελευταία.

Nikos and I began sharing recent stories of what we had been doing.

Μιλήσαμε μερικά Αγγλικά και μερικά Ελληνικά. Τα αγγλικά του δεν ήταν πολύ καλά, όπως και τα ελληνικά μου δεν ήταν πολύ καλά.

We spoke some English, and some Greek. His English was not very good, and my Greek was not very good.

Στην πραγματικότητα, ο λόγος που θα περάσω το καλοκαίρι στην Ελλάδα είναι για να βελτιώσω τα ελληνικά μου.

Actually, the main reason for me spending a summer in Greece was to improve my Greek.

Κεφάλαιο δύο: Συναντώντας την οικογένεια

Chapter Two: Meeting the Family

Μετά από μία ώρα φτάσαμε στο σπίτι του Νίκου. Μπορούσα να δω λεμονιές και μερικές γάτες. Είχε ήδη σκοτεινιάσει.

After an hour, we arrived at Nikos' house. I could see lemon trees and a few cats. It had already become dark.

Βγάλαμε τις βαλίτσες μου απο το αυτοκίνητο και προχωρήσαμε προς την είσοδο του σπιτιού.

We took my luggage from the car, and headed to the entrance of the house.

Τότε άκουσα την φωνή μιας γυναίκας: «Χρήστο! Αγαπημένε μου ανιψιέ!»

Then I heard a woman's voice: "Christos! My favourite nephew!"

Ήταν η θεία μου η Αθηνά. Αγκαλιαστήκαμε. «Τι κάνεις;» την ρώτησα.

It was my aunt, Athena. We hugged. "How are you?" I asked her.

«Είμαι τόσο χαρούμενη που επιτέλους βρίσκεσαι εδώ!» είπε. «Χρήστο, αυτός είναι ο σκύλος μας. Τον λένε Δία.»

"I'm so happy you're finally here!" she said. "Christos, this is our dog. He is called Zeus."

Ο Δίας έτρεξε προς το μέρος μου. Ήταν πολύ ενθουσιασμένος, και ήταν ένας μεγάλος σκύλος. Πήδηξε πάνω μου και μου έδωσε ένα μεγάλο φιλί στο πρόσωπο.

Zeus ran towards me. He was very excited, and he was a big dog. He jumped on me, and gave me a big kiss on my face.

«Δία! Κάτσε κάτω!» είπε ο Νίκος. Χάιδεψα τον Δία στο κεφάλι. Μου αρέσουν τα σκυλιά, έχω και ένα στο σπίτι μου.

"Zeus! Sit down!" said Nikos. I patted Zeus on the head. I like dogs, and I even have one at home.

Ύστερα ήρθαν στην είσοδο ο θείος μου ο Σταύρος μαζί με τα μικρά μου ζαδέρφια, την Μαρία και τον Κωνσταντίνο.

Then my uncle Stavros, and my young cousins Maria and Constantinos came to the entrance.

Φαίνονταν να είναι χαρούμενοι που με βλέπουν. «Έχει περάσει τόσος καιρός! Είσαι καλά; Έλα μέσα!» έλεγαν όλοι.

They looked happy to see me. "It's been such a long time! Are you well? Come inside!" they were all saying.

«Κοίτα πόσο έχετε μεγαλώσει και οι δύο!» είπα στην Μαρία και στον Κωνσταντίνο.

"Look how you have both grown!" I said to Maria and Constantinos.

Ο θείος μου με βοήθησε με τις βαλίτσες στο δωμάτιο. «Εδώ θα είναι το δωμάτιο σου για το καλοκαίρι», είπε. «Μπορείς να βάλεις τα πράγματα σου στην ντουλάπα, ή στα συρτάρια, ή κάτω από το κρεβάτι.»

My uncle helped me take my bags to my room. "Here is your room for the summer," he said. "You can put things in the wardrobe, or in the drawers, or under the bed."

«Ευχαριστώ πολύ, είναι τέλειο», του είπα.

"Thank you, it's perfect," I told him.

«Έλα τώρα, πάμε στο σαλόνι και θα φάμε όλοι μαζί», είπε.

"Now come to the living room and we'll all eat together," he said.

Πήγα με τον θείο μου στο σαλόνι.

I went with my uncle to the living room.

«Σου αρέσει το τσίπουρο;» ρώτησε η θεία μου. «Είναι σαν την γκράπα αλλά είναι καλύτερο, και είναι ελληνικό!»

"Do you like Tsipouro?" asked my aunt. "It is like grappa but better, and it's Greek!"

«Δεν το έχω ξαναδοκιμάσει, αλλά σίγουρα θα ήθελα να δοκιμάσω λίγο!» της απάντησα.

"I have not tried it before, but I'd certainly like to try some now!" I replied.

«Φυσικά», είπε η θεία μου, και μου έβαλε ένα ποτήρι.

"Of course," said my aunt, and she poured me a glass.

Το δοκίμασα. Ήταν πολύ δυνατό, αλλά πεντανόστιμο. «Είναι πολύ νόστιμο, ευχαριστώ», είπα.

I tasted it. It was very strong, but delicious. "It's very tasty, thank you," I said.

Ο Δίας καθόταν στο πάτωμα, δίπλα στα πόδια μου, και με παρακολουθούσε. «Δία, πήγαινε στο κρεβάτι σου», είπε ο θείος μου.

Zeus was sitting on the floor by my feet, watching me. "Zeus, go to your basket," said my uncle.

«Χρήστο», είπε η θεία μου, «μας έχω μαγειρέψει πολλά πεντανόστιμα φαγητά απόψε.»

"Christos," said my aunt, "I have cooked lots of delicious food for us tonight."

«Η θεία σου είναι η καλύτερη μαγείρισσα στην Ελλάδα», είπε ο θείος μου.

"Your aunt is the best cook in Greece," said my uncle.

«Δεν θα διαφωνήσω με αυτό», είπε η θεία μου.

"I won't argue with that," said my aunt.

Κεφάλαιο τρία: Το δείπνο

Chapter Three: The Dinner

Μπορούσα να μυρίσω υπέροχες μυρωδιές να έρχονται από την κουζίνα. Η θεία μου σηκώθηκε από το τραπέζι και πήγε στην κουζίνα. Επέστρεφε με διάφορα πιάτα με φαγητά.

I could smell wonderful smells coming from the kitchen. My aunt got up from the table and went into the kitchen. She returned with different plates of food.

Ύστερα ξαναπήγε στην κουζίνα και επέστρεφε και με άλλα πιάτα με φαγητό. Δεν μπορούσα να πιστέψω πόσο φαγητό υπήρχε!

Then she went back again, and returned with more plates of food. I couldn't believe how much food there was!

«Εντάξει Χρήστο, θα σου πω τι είναι αυτά», είπε η θεία μου, δείχνοντας τα πιάτα.

"OK, Christos, I will tell you what these are," said my aunt, pointing at the plates.

9

«Εδώ έχουμε ελιές, ψάρι μαρινάτο, χόρτα, σπιτικές πατάτες τηγανιτές, κολοκυθάκια τηγανητά, πάστα πιπεριάς Φλωρίνης, μελιτζανοσαλάτα, τζατζίκι, χωριάτικη σαλάτα, σαγανάκι, μουσακά, καλαμάρι, και γαύρο τηγανητό.»

"Here we have olives, marinated fish, greens, home-made fried chips, fried courgettes, red pepper sauce from Florina, aubergine garlic dip, tzatziki, villager's salad, fried cheese, moussaka, kalamari, and fried whitefish."

Το φαγητό έμοιαζε πεντανόστιμο, σίγουρα πολύ καλύτερο από το φαγητό που συνηθίζω να τρώω στην Αγγλία.

The food looked delicious, certainly much better than the food I normally eat in England.

«Έλα, πιες λίγο κρασί», είπε ο θείος μου, και μου γέμισε ένα ποτήρι. «Αυτό είναι ένα καλό κρασί από την Κρήτη.»

"Here, have some wine," said my uncle, and he poured me a glass. "This is a good wine from Crete."

Ήπια λίγο και ήταν πεντανόστιμο.

I drank some, and it was delicious.

10

«Λοιπόν, τι θα ήθελες να κάνεις αύριο;» με ρώτησε ο Νίκος.

"So what would you like to do tomorrow?" Nikos asked me.

«Νομίζω πως θα ήθελα να δω μερικά αξιοθέατα στην Αθήνα», του απάντησα.

"I think I would like to see some sights in Athens," I replied.

«Ποια αξιοθέατα θα ήθελες να δεις;» ρώτησε ο Νίκος.

"Which sites would you like to see?" Nikos asked.

«Ποια προτείνεις;» τον ρώτησα.

"What do you recommend?" I asked.

Τότε ο θείος μου είπε: «Μα φυσικά πρέπει να δεις την Ακρόπολη! Είναι δυόμιση χιλιάδες χρονών! Και ο Παρθενώνας ακόμη στέκεται!»

Then my uncle said: "Well of course you must see the Acropolis! It is two and a half thousand years old! And the Parthenon is still standing!"

«Ακούγεται τέλειο», είπα. «Έχω δει πολλές φωτογραφίες του Παρθενώνα, αλλά πρέπει να τον δω στην πραγματικότητα.»

"That sounds perfect," I said. "I have seen many photos of the Parthenon, but I must see it for real."

11

«Το μουσείο είναι επίσης εξαιρετικό και έχει χιλιάδες αρχαία πράγματα», συνέχισε ο θείος μου.

"The museum is also excellent, and has thousands of ancient things," continued my uncle.

Συζητούσα με την οικογένεια μου μέχρι αργά το βράδυ. Ήμουν γεμάτος από το φαγητό. Στο τέλος, τους είπα πως ήμουν πολύ κουρασμένος και πώς πρέπει να πάω για ύπνο.

I talked with my family late into the night. I was so full from the food. Finally, I told them that I was very tired and I must go to bed.

«Καληνύχτα», είπα σε όλους.

"Goodnight," I said to everyone.

«Καληνύχτα», μου απάντησαν.

"Goodnight," they replied.

Επειδή είχε τόση ζέστη εκείνο το βράδυ, κοιμήθηκα χωρίς σκέπασμα, κάτι που δεν συνηθίζω να κάνω στην Αγγλία. Στην Αγγλία συνήθως έχει κρύο.

Because it was so hot that night, I slept without a cover, something I'm not used to doing in England. England is normally quite cold.

Κεφάλαιο τέσσερα: Το πρωινό

Chapter Four: The Breakfast

Ξύπνησα το επόμενο πρωί στις εννέα και μισή. Είχα κοιμηθεί πολύ καλά. Μπορούσα να ακούσω τους ήχους της πόλης έξω από το ανοιχτό παράθυρο μου.

I woke up the next morning at half past nine. I had slept very well. I could hear the sounds of the city outside my open window.

Ντύθηκα, πήγα στην τουαλέτα, και ύστερα στην κουζίνα. Βρήκα την οικογένεια μου όλη εκεί, να κάθονται γύρω από το τραπέζι.

I got dressed, I went to the toilet, then I went into the kitchen. I found my family all there, sitting around the table.

Ήταν Σάββατο, οπότε ο θείος μου και ο Νίκος δεν ήταν στην δουλειά.

It was a Saturday, so my uncle and Nikos were not at work.

«Καλημέρα! Κοιμήθηκες καλά;» με ρώτησε ο Νίκος.

"Good morning! Did you sleep well?" Nikos asked me.

«Καλημέρα! Κοιμήθηκα πολύ καλά, ευχαριστώ», απάντησα.

"Good morning! I slept very well, thank you," I replied.

«Έλα, κάτσε», είπε η θεία μου. Μου τράβηξε μια καρέκλα για να κάτσω. Την ευχαρίστησα.

"Please, sit," said my aunt. She pulled out a chair for me to sit down. I thanked her.

Ξαφνικά ο Δίας ήρθε τρέχοντας στο δωμάτιο από το μπαλκόνι και πήδηξε πάνω μου, φιλώντας με ξανά στο πρόσωπο. Δεν είχα προετοιμαστεί για αυτό τόσο νωρίς, πριν ακόμα πιω τον καφέ μου!

Suddenly, Zeus came running into the room from the balcony, and jumped on me, kissing me on the face again. I was not ready for this so early, before I had even drunk my coffee!

«Δία! Ντροπή σου!» φώναζε η θεία μου. «Με συγχωρείς για αυτό», μου είπε.

"Zeus! Shame on you!" shouted my aunt. "Sorry about that," she said to me.

«Αλήθεια, δεν είναι πρόβλημα», είπα. «Είμαι συνηθισμένος απο τον σκύλο μου στο σπίτι, αλλά ο σκύλος μου είναι πιο μικρόσωμος.»

"Really, it's not a problem," I said. "I'm used to it from my dog at home, although my dog is smaller."

Πριν το καταλάβω, είχαν εμφανιστεί μπροστά μου στο τραπέζι, ένας καφές, ένα ποτήρι με χυμό πορτοκάλι, πιατέλες με φρούτα και ένα μπολ με γιαούρτι.

Before I knew it, a coffee, a glass of orange juice, plates of fruit and a bowl of yoghurt had all appeared before me on the table.

«Φάει λίγο πρωινό!» είπε η θεία μου.

"Eat some breakfast!" said my aunt.

Ο ελληνικός καφές ήταν πεντανόστιμος. Δεν συνηθίζω να τον πίνω στην Αγγλία. Ο χυμός πορτοκάλι ήταν ο καλύτερος που έχω δοκιμάσει ποτέ.

The Greek coffee was delicious. I don't normally drink that in England. The orange juice was the best I'd ever tasted.

«Αυτός ο χυμός είναι απίστευτος», είπα. «Απο πού τον πήρες; Είναι τόσο γλυκός!»

"That juice is unbelievable," I said. "Where did you get it? It's so sweet!"

«Αγόρασα τα πορτοκάλια από το σούπερ μάρκετ της γειτονιάς και έφτιαζα τον χυμό σήμερα το πρωί», μου απάντησε η θεία μου. «Τα πορτοκάλια είναι ντόπια.»

"I bought the oranges from the local supermarket and made the juice this morning," replied my aunt. "The oranges are local."

«Δοκίμασε τα φρούτα!» είπε ο θείος μου. «Είναι πεπόνι, σύκο και καρπούζι.»

"Try the fruit!" said my uncle. "It's melon, fig, and watermelon."

Δοκίμασα τα φρούτα. Ήταν τόσο γλυκά, δεν έχω ξαναδοκιμάσει φρούτα σαν κι αυτά πριν. «Αυτά τα φρούτα είναι υπέροχα», είπα. «Είναι και αυτά από το σούπερ μάρκετ;»

I tried the fruit. It was so sweet, I had never had fruit like it before. "This fruit is amazing," I said. "Are these also from the supermarket?"

«Ναι. Τα φρούτα εδώ είναι φρέσκα, και τόσο γλυκά γιατί έχει πολύ ήλιο εδώ», είπε ο θείος μου.

"Yes. The fruit here is fresh, and so sweet because it is so sunny here," said my uncle.

«Μακάρι τα φρούτα στην Αγγλία να ήταν τόσο ωραία», είπα.

"If only the fruit in England was this good," I said.

«Τώρα δοκίμασε το γιαούρτι», είπε ο Νίκος. «Είναι ελληνικό γιαούρτι, που είναι το καλύτερο.»

"Now try the yoghurt," said Nikos. "It's Greek yoghurt, which is the best."

Δοκίμασα το γιαούρτι, και πιστεύω πώς ο Νίκος είχε δίκιο, είναι το καλύτερο! Του είπα πως συμφωνώ μαζί του.

I tried the yoghurt, and I believe Nikos was right; it is the best! I told him I agreed with him.

«Μετά το πρωινό», είπε η θεία μου, «ο θείος σου θα σε πάει με τον Νίκο στο σταθμό του μετρό.

"After breakfast," said my aunt, "your uncle will drive you and Nikos to the metro station.

Και από εκεί, μπορείτε να πάρετε το μετρό για την Ακρόπολη, και να περάσετε την μέρα βλέποντας τα αξιοθέατα της Αθήνας.»

And from there, the two of you can take the metro to the Acropolis, and spend the day sightseeing in Athens."

«Ο Νίκος θα χαρεί να σε πάει, έτσι δεν είναι Νίκο;» είπε ο θείος μου.

"Nikos will be happy to take you, won't you Nikos?" said my uncle.

«Μα φυσικά», είπε ο Νίκος. «Περιμένω πώς και πώς.»

"Of course," replied Nikos. "I'm looking forward to it very much."

«Αυτό ακούγεται τέλειο», είπα. «Πάντοτε ήθελα να δω την Ακρόπολη, αλλά να δω και την Αθήνα.»

"That sounds perfect," I said. "I have always wanted to see the Acropolis, and also to see Athens."

Όταν τελείωσα το πρωινό, βούρτσισα τα δόντια μου, έκανα ντους, και ύστερα ήμουν έτοιμος για να φύγω.

After I finished breakfast, I brushed my teeth, I had a shower, and then I was ready to leave.

«Να περάσετε καλά!» είπε η θεία μου καθώς φεύγαμε από το σπίτι. «Θα σας δούμε το βράδυ!»

"Have a good time!" said my aunt as we left the house. "See you this evening!"

Ο Δίας ήρθε τρέχοντας μαζί μας προς το αυτοκίνητο. «Συγνώμη Δία», του είπα, «εσύ μείνε εδώ!» Τον χάιδεψα στο κεφάλι. «Καλό παιδί!»

Zeus came running out with us to the car. "Sorry Zeus," I told him, "you stay here!" I patted him on the head. "Good boy!"

Κεφάλαιο πέντε: Η Ακρόπολη

Chapter Five: The Acropolis

Οι τρεις μας μπήκαμε στο αυτοκίνητο, και ο θείος μου ξεκίνησε την μηχανή. «Ουφ, έχει πολύ ζέστη εδώ μέσα,» είπε, και κατέβασε τα παράθυρα.

The three of us got into the car, and my uncle started the engine. "Whew, it's hot in here," he said, and rolled down the windows.

Ξεκινήσαμε να οδηγούμε προς τον σταθμό του μετρό. Ακούγαμε στο ραδιόφωνο μοντέρνα ελληνική μουσική.

We began driving towards the metro station. We were listening to some modern Greek music on the radio.

Στο σταθμό του μετρό ο Νίκος και εγώ βγήκαμε από το αυτοκίνητο και αποχαιρετήσαμε τον θείο μου. «Γεια σου μπαμπά. Τα λέμε αργότερα», είπε ο Νίκος.

At the metro station, Nikos and I got out of the car, and said goodbye to my uncle. "Bye, dad. See you later," said Nikos.

Το μετρό της Αθήνας έμοιαζε καινούριο και καθαρό, σε σχέση με αυτό του Λονδίνου, και τα εισιτήρια ήταν φθηνότερα. «Κανείς δεν ελέγχει τα εισιτήρια», είπε ο Νίκος. «Εσύ αποφασίζεις αν θες να αγοράσεις ένα ή οχι.»

The Athens metro looked new and clean compared to London's, and the tickets were cheaper too. "Nobody ever checks the tickets," said Nikos. "You decide if you want to buy one or not."

Αποφάσισα να αγοράσω ένα. Δεν ήθελα να έχω μπλεξίματα την πρώτη μου μέρα!

I decided to buy one. I did not want to get in trouble on my first day!

Ύστερα από είκοσι λεπτά ταξιδιού, ακούσαμε την ανακοίνωση για την στάση μας: «Επόμενη στάση: Ακρόπολη.»

After twenty minutes of travelling, we heard the announcement for our stop: "Next stop: Acropoli."

«Αυτή είναι η στάση μας», είπε ο Νίκος. «Για την Ακρόπολη.»

"This is our stop," said Nikos. "For the Acropolis."

Κατεβήκαμε από το μετρό στην στάση «Ακρόπολη». Υπήρχε πολύς κόσμος, συμπεριλαμβανομένων πολλών τουριστών. «Είναι μια πολύ τουριστική περιοχή της πόλης», είπε ο Νίκος. «Ας περπατήσουμε προς την Ακρόπολη.»

We got off the metro at the stop "Acropoli". There were lots of people, including many tourists. "It's a very touristy part of the city," said Nikos. "Let's walk to the Acropolis."

Περπατήσαμε προς την είσοδο της Ακρόπολης. Ήμουν πολύ ενθουσιασμένος γιατί έχω ενδιαφέρον για την αρχαία Ελλάδα.

We walked to the entrance of the Acropolis. I was very excited, because I'm interested in ancient Greece.

Στο γκισέ εισιτηρίων είπα του Νίκου: «Θα πληρώσω και για τους δυο μας, αφού εσύ με πήρες απο το αεροδρόμιο χθες.»

At the ticket kiosk, I told Nikos: "I will pay for us both, since you picked me up from the airport yesterday."

Έβαλα το χέρι στην τσέπη αλλά συνειδητοποίησα πως το πορτοφόλι μου έλειπε.

I reached into my pocket, but then I realised my wallet was missing.

«Ωχ όχι, δεν μπορώ να βρω το πορτοφόλι μου!» είπα. «Νομίζω το έχω χάσει.»

"Oh no, I can't find my wallet!" I said. "I think I have lost it."

«Ωχ όχι. Το άφησες στο μετρό;» ρώτησε ο Νίκος.

"Oh no. Did you leave it on the metro?" asked Nikos.

«Μάλλον, γιατί αγόρασα το εισιτήριο του μετρό και δεν το έχω δει από τότε», απάντησα.

"I guess, because I bought a metro ticket, and I haven't seen it since then," I replied.

«Ω ρε παιδί μου. Αυτό δεν είναι καλή αρχή της διαμονής σου στην Ελλάδα! Αναρωτιέμαι πως θα το βρούμε», είπε ο Νίκος.

"Oh dear. This is not a good start to your stay in Greece! I wonder how we will find it," said Nikos.

«Έχω τα στοιχεία επικοινωνίας μου μέσα. Ελπίζω ένας καλός άνθρωπος να το βρει και να το ξαναδώ», είπα.

"I have my contact details in it. Hopefully a good person will find it, and I will see it again," I said.

«Επίσης έχει και εβδομήντα ευρώ μέσα, αλλά ευτυχώς έχω ακόμα την κάρτα τράπεζας, γιατί την φυλάω μαζί με το κινητό μου», εξήγησα.

"It also has seventy euros in it, but luckily I still have my bank card, because I keep that with my phone," I explained.

«Θα πρέπει απλώς να περιμένουμε να δούμε αν κάποιος το επιστρέφει», είπε ο Νίκος. «Φαίνεται πως εγώ θα πληρώσω τα εισιτήρια για την Ακρόπολη τελικά!»

"We will simply have to wait and see if somebody returns it," said Nikos. "It looks like I will be paying for our Acropolis tickets after all!"

«Συγνώμη για αυτό», είπα απολογόντας.

"Sorry about that," I said apologetically.

«Μην ανησυχείς! Ατυχήματα συμβαίνουν», είπε ο Νίκος.

"Don't worry! Accidents happen," said Nikos.

Ο Νίκος αγόρασε τα εισιτήρια μας στην πύλη, και περπατήσαμε προς τον λόφο.

Nikos bought our tickets at the gate, and we walked up the hill.

«Μοιάζει θαυμάσιο», είπα, καθώς πλησιάζουμε πιο κοντά. «Η θέα πάνω από την πόλη είναι επίσης θαυμάσια», συνέχισα.

"It looks magnificent," I said, as we were getting closer. "The view over the city is also magnificent," I continued.

«Αυτός ο χώρος έχει δει τόσες αυτοκρατορίες εδώ και δυόμισι χιλιάδες χρόνια, και όμως στέκεται ακόμα», εξήγησε ο Νίκος.

"This site has seen many empires, for two and a half thousand years, yet still it stands," explained Nikos.

«Οι Ενετοί και οι Οθωμανοί ανατίναξαν τον Παρθενώνα κατα την διάρκεια του πολέμου τους. Πολύ λυπηρό», εξήγησε.

"The Venetians and Ottomans blew up the Parthenon during their war. Very sad," he explained.

Φαντάστηκα πόσο υπέροχος θα έμοιαζε τόσο καιρό πριν. Ακόμη και σήμερα, κανένα κτήριο δεν ήταν πιο ψηλό από εκείνον. Ήταν τόσο όμορφος που ξέχασα πως είχα χάσει το πορτοφόλι μου.

I imagined how great this must have looked so long ago. Even today, no building was taller than it. It was so beautiful that I forgot I had lost my wallet.

Κεφάλαιο έξι: Απόγευμα στην Αθήνα

Chapter Six: Afternoon in Athens

Είχε πολύ ζέστη και αρχίσαμε να πεινάμε. «Ώρα για μεσημεριανό», είπε ο Νίκος. «Πάμε για σουβλάκι, το αγαπημένο μου φαγητό!»

It was very hot, and we became hungry. "It's lunchtime," said Nikos. "Let's get souvlaki, my favourite food!"

Αυτό είναι μια τέλεια ιδέα, σκέφτηκα. Είχα ακούσει για τα σουβλάκια και ήμουν ενθουσιασμένος να δοκιμάσω ένα για πρώτη φορά.

That's a great idea, I thought. I had heard about souvlakis, and I was excited to try one for the first time.

Βρήκαμε ένα σουβλατζίδικο και μπήκαμε μέσα.

We found a souvlaki place, and went inside.

«Γεια σας, τι θα θέλατε;» ρώτησε ο βοηθός πίσω από τον πάγκο.

"Hello, what would you like?" asked the assistant behind the counter.

«Θα ήθελα ένα γύρο χοιρινό και ένα καλαμάκι κοτόπουλο», απάντησε ο Νίκος.

"I would like one pork gyro and one chicken skewer," replied Nikos.

Δεν ήξερα τι να παραγγείλω και έτσι είπα: «Θα πάρω τα ίδια.»

I didn't know what to order, so I said: "I'll have the same."

«Εντάξει, δύο γύροι και δύο καλαμάκια έφτασαν. Είναι οκτώ ευρώ», είπε ο βοηθός.

"OK, two gyros and two skewers coming up. That will be eight euros," said the assistant.

«Ακριβά είναι», μου είπε ο Νίκος, «επειδή είμαστε στο κέντρο. Κοντά στο σπίτι μου τα σουβλάκια είναι πιο φθηνά.»

"That's expensive," Nikos told me, "because we're in the centre. Near my house souvlakis are cheaper."

Κάτσαμε στο τραπέζι και δοκίμασα την πρώτη μου μπουκιά. Ήταν πεντανόστιμο. «Ουάου», είπα, «οι ντομάτες είναι τόσο ζουμερές και γλυκιές!»

We sat down at a table, and I took my first bite. It was delicious. "Wow," I said, "the tomatoes are so juicy and sweet!"

Τελειώσαμε τα σουβλάκια μας. «Που να πάμε τώρα;» είπε ο Νίκος.

We finished our souvlakis. "Where shall we go now?" said Nikos.

«Θα ήθελα να περπατήσω λίγο γύρω την πόλη, να την δω», είπα.

"I would like to walk around the city a little, to see it," I said.

«Εντάξει, θα σε πάω στα Εξάρχεια», είπε ο Νίκος. «Είναι μια τέλεια περιοχή γεμάτη με νέους ανθρώπους και φιλικές καφετέριες. Έχει υπέροχη ενέργεια.»

"Ok, I will take you to Exarchia," said Nikos. "It is a cool area, full of young people and friendly cafes. It has a great energy."

Ωραίο ακούγεται, σκέφτηκα. «Τέλεια, πάμε!» του είπα.

That sounds good, I thought. "Perfect, let's go!" I told him.

Αφήσαμε τους τουρίστες του Μοναστηρακίου και κατεβήκαμε στο σταθμό του μετρό. «Τα εισιτήρια μου ήταν μέσα στο πορτοφόλι μου», είπα στον Νίκο.

We left the tourists of Monastiraki and went down into the metro station. "My tickets were in my wallet," I said to Nikos.

«Μια χαρά θα είσαι», μου απάντησε. «Δεν υπάρχουν ελεγκτές μέσα στο μετρό. Χρησιμοποιώ το φοιτητικό μου πάσο κάθε μέρα και δεν έχω δει ποτέ ελεγκτές.»

"You will be fine," he replied. "There aren't any inspectors on the metro. I use my student metro pass every day and I've never seen inspectors."

Μπήκαμε στο τραίνο και φύγαμε από τον σταθμό. Ξαφνικά ένας άνθρωπος με στολή μπήκε από την πόρτα του βαγονιού και φώναζε: «Έχετε τα εισιτήρια σας έτοιμα παρακαλώ!»

We got on the train, and we left the station. Suddenly a person in a uniform came through the door of the carriage and shouted: "Have your tickets ready please!"

Ήμουν έκπληκτος και ανήσυχος. Όταν με πλησίασε ο ελεγκτής του είπα, «Λυπάμαι πολύ αλλά έχασα το πορτοφόλι μου νωρίτερα στο τραίνο και έτσι δεν είχα καθόλου χρήματα να αγοράσω άλλα εισιτήρια.

I was surprised and worried. When the inspector approached me I said, "I'm very sorry, but I lost my wallet on the train earlier and so I didn't have any money to buy more tickets.

Τα εισιτήρια ήταν μέσα στο πορτοφόλι μου», συνέχισα.

The tickets were in my wallet," I continued.

«Εντάξει», είπε ο ελεγκτής, «Πώς σε λένε;» Άνοιζε ένα βιβλίο και ξεκίνησε να γράφει με το στυλό του.

"OK," said the inspector, "what is your name?" He opened a book and began writing with his pen.

Του είπα το ονοματεπώνυμο μου, και ύστερα με κοίταξε, μοιάζοντας να είναι έκπληκτος.

I told him my full name, and then he looked at me, looking surprised.

Έβγαλε το σακίδιο απο τον ώμο του και κοίταξε μέσα. Έβγαλε ένα πορτοφόλι και είπε, «Πιστεύω πως αυτό είναι δικό σου.»

He took his rucksack off his shoulder, and looked inside it. He took out a wallet and said, "I believe this is yours."

Δεν μπορούσα να πιστέψω τα μάτια μου. «Ουάου!» είπα, «πως το βρήκατε;»

I could not believe my eyes. "Wow!" I said, "how did you find this?"

«Ένας επιβάτης μου το έδωσε επειδή το βρήκε το πρωί. Είσαι πολύ τυχερός», απάντησε.

"A passenger gave it to me, because they found it this morning. You are very lucky," he replied.

«Αυτό είναι απίστευτο! Σας ευχαριστώ πολύ», είπα. «Τι τύχη!»

"That's unbelievable! Thank you so much," I said. "What luck!"

Ήμουν τόσο χαρούμενος να δω το πορτοφόλι μου ξανά.

I was so happy to see my wallet again.

«Σε μια πόλη με πάνω από τρία εκατομμύρια ανθρώπους», είπε ο Νίκος, «όντως είσαι πολύ τυχερός! Ήμουν σίγουρος πως δεν θα ξανά έβλεπες αυτό το πορτοφόλι.»

"In a city of over three million people," said Nikos, "you are very lucky indeed! I was sure you wouldn't see that wallet again."

Κατεβήκαμε από το τραίνο στην στάση «Ομόνοια» και ξεκινήσαμε να περπατάμε τους δρόμους προς την περιοχή των Εξαρχείων.

We got off the train at the stop "Omonia" and began walking through the streets to the Exarchia area.

Κεφάλαιο επτά: Βράδυ στα Εξάρχεια

Chapter Seven: Evening in Exarchia

Ήταν αργά το απόγευμα, ο αέρας ήταν πιο δροσερός, και οι άνθρωποι καθόντουσαν έξω από τις καφετέριες πίνοντας καφέ, κρασί και μπύρα. Έμοιαζαν χαλαροί. Μπορούσα να ακούσω καλή μουσική να έρχεται μέσα από τις καφετέριες.

It was late afternoon, the air was cooler, and people were sitting outside cafes, drinking coffee, wine and beer. They looked relaxed. I could hear good music coming from within the cafes.

«Ας δοκιμάσουμε αυτήν την καφετέρια», πρότεινε ο Νίκος. «Την ξέρω αυτήν, έχω ξαναέρθει με μερικούς φίλους. Εάν θες μπορώ να πάρω τηλέφωνο τον φίλο μου τον Τάσσο να δω εάν θέλει να έρθει.»

"Let's try this cafe," suggested Nikos. "I know this one, I've been here before with some friends. If you want I can call my friend Tassos and see if he wants to come."

«Ναι αμέ», απάντησα. «Θα ήθελα να τον γνωρίσω.»

"Yeah, sure," I replied. "I'd like to meet him."

Ο Νίκος έβγαλε το κινητό του και κάλεσε τον φίλο του τον Τάσσο. Δεν μπορούσα να καταλάβω πολύ καλά την συζήτηση γιατί μιλούσαν γρήγορα.

Nikos took out his phone and rang his friend Tassos. I couldn't understand the conversation very well as they were speaking quickly.

«Θα παραγγείλω μια μπύρα», είπε ο Νίκος. «Τι θα ήθελες;»

"I will order a beer," said Nikos. "What would you like?"

«Νομίζω θα παραγγείλω πρώτα καφέ και θα πάρω μπύρα λίγο αργότερα», απάντησα. «Αυτήν την φορά πληρώνω εγώ!»

"I think I'll order a coffee first, and I'll have a beer a bit later," I replied. "This time, the drinks are on me!"

«Αρκετά δίκαιο», γέλασε ο Νίκος. «Παρεμπιπτόντως», συνέχισε, «απόψε θα συναντήσουμε την γιαγιά και τον παππού μας στο σπίτι τους.»

"Fair enough," Nikos laughed. "By the way," he continued, "tonight we will be meeting our grandmother and grandfather at their house."

«Ανυπομονώ!» απάντησα. «Δεν τους έχω δει εδώ και τόσο καιρό. Ελπίζω να είναι καλά.»

"I can't wait!" I replied. "I haven't seen them in such a long time. I hope they're well."

«Είναι μια χαρά», είπε ο Νίκος. «Η γιαγιά δεν βγαίνει συχνά από το σπίτι, αλλά ο παππούς επισκέπτεται την ταβέρνα της γειτονιάς για ένα ποτό καθημερινά!»

"They're doing fine," said Nikos. "Grandma doesn't leave the house much, but Grandpa visits the local taverna for a drink every day!"

«Καθημερινά;» απάντησα, καθώς δεν ήμουν σίγουρος πως τον άκουσα καλά .

"Every day?" I replied, as I wasn't sure I heard him right.

«Ναι, κάθε μέρα!» εξήγησε ο Νίκος.

"Yes, every day!" explained Nikos.

«Καλά κάνει», είπα. «Ακούγεται σαν τον παππού!»

"Good for him," I said. "That sounds like Grandpa!"

Μετά από μισή ώρα ο φίλος του Νίκου, ο Τάσσος, έφτασε πάνω στην μοτοσυκλέτα του. Μας χαιρέτησε καθώς έβγαζε το κράνος του. «Γεια!» φώναξε από τον απέναντι δρόμο.

After half an hour, Nikos' friend Tassos arrived on his motorbike. He waved to us, as he was removing his helmet. "Hi!" he shouted from across the road.

«Έλα Τάσσο. Κάτσε κάτω! Χαίρομαι που σε βλέπω!» φώναξε ο Νίκος.

"Come, Tassos. Take a seat! Good to see you!" shouted Nikos.

Ο Τάσσος έκατσε και χαιρετηθήκαμε. Ήταν ψηλός, φιλικός και γεμάτος ενέργεια. Ο σερβιτόρος ήρθε στο τραπέζι μας και μας ρώτησε αν θα θέλαμε κι άλλα ποτά. Παραγγείλαμε τρεις μπύρες.

Tassos sat, and we greeted each other. He was tall, friendly and full of energy. The waiter came over to our table and asked us if we wanted any more drinks. We ordered three beers.

«Τι δουλεία κάνεις;» ρώτησα τον Τάσσο.

"What do you do for a living?" I asked Tassos.

«Είμαι φοιτητής ιατρικής», απάντησε. «Για την ακρίβεια, πηγαίνω στο ίδιο πανεπιστήμιο με τον ξάδερφο σου τον Νίκο εδώ, που, όπως ξέρεις, σπουδάζει μηχανολογία.»

"I'm a student of medicine," he replied. "In fact, I go to the same university as your cousin Nikos here, who, as you know, studies engineering."

34

«Α κατάλαβα», είπα. «Σου αρέσει;»

"Oh I see," I said. "Are you enjoying it?"

«Ναι», απάντησε ο Τάσσος, «αλλά είναι πολύ δύσκολα. Είναι πολλά τα βιβλία που πρέπει να διαβάσω.»

"Yes," Tassos replied, "but it's very difficult. There are many books I must read."

Παρατήρησα πως είχε επιλέξει να μου μιλήσει στα αγγλικά, και ότι τα μιλούσε πολύ καλά.

I noticed that he had chosen to speak to me in English, and that he spoke it very well.

Φαντάζομαι πως είναι απαραίτητο οι γιατροί να μιλούν καλά αγγλικά, ακόμη και αν δεν εργάζονται σε αγγλόφωνη χώρα.

I imagine it's necessary that doctors must be able to speak English well, even if they do not work in an English speaking country.

Μετά από μερικές ώρες, όταν άρχισε να σκοτεινιάζει, ο Τάσσος σηκώθηκε και μας αποχαιρέτησε. Ο Νίκος και εγώ αποφασίσαμε να φύγουμε, για να προλάβουμε το δείπνο στο σπίτι των παππούδων μας.

After a couple of hours, when it was getting dark, Tassos got up and said goodbye. Nikos and I decided to leave to make it in time for dinner at our grandparents' house.

Συνειδητοποιήσαμε πως είχαμε αργήσει και αποφασίσαμε να πάρουμε ταξί. Ο Νίκος σήκωσε το χέρι του σε ένα ταξί και αυτό σταμάτησε για μας.

We realised we were running late, and decided to take a taxi. Nikos raised his hand at a taxi, and it stopped for us.

Ο ταξιτζής μας ρώτησε που θέλουμε να πάμε. Κάπνιζε και άκουγε ελληνική μουσική στο ραδιόφωνο. Οδηγούσε πολύ γρήγορα.

The taxi driver asked us where we wanted to go. He was smoking, and listening to Greek music on the radio. He drove very fast.

«Απο πού είσαι;» με ρώτησε, ακούγοντας την προφορά μου.

"Where are you from?" he asked me, hearing my accent.

«Είμαι από την Αγγλία», του είπα.

"I'm from England," I told him.

«Αγγλία;» απάντησε. «Καλώς ήρθες στην Ελλάδα! Ποια ομάδα ποδοσφαίρου υποστηρίζεις;»

"England?" he replied. "Welcome to Greece! What football team do you support?"

Του είπα πως δεν βλέπω ποδόσφαιρο και γελάσαμε.

I told him I do not watch football, and we laughed.

Καθώς ένιωθα τον ζεστό βραδινό αέρα και έβλεπα την νύχτα του Σαββάτου να με προσπερνάει, σκεφτόμουν πόσο είχα απολαύσει την πρώτη μου μέρα στην Αθήνα.

As I felt the warm evening air and watched the Saturday night pass by, I thought about how much I had enjoyed my first day in Athens.

Κεφάλαιο οκτώ: Ταξιδεύοντας για την Επίδαυρο

Chapter Eight: Travelling to Epidaurus

Είχε περάσει μια ολόκληρη εβδομάδα από τότε που έφτασα στην Ελλάδα. Την είχα περάσει μαζί με την οικογένεια μου, τρώγοντας, συζητώντας και χαλαρώνοντας.

A whole week had passed since I had arrived in Greece. I had spent it with my family, eating, talking and relaxing.

Όταν ο Νίκος και ο θείος μου πήγαιναν στην δουλειά, και τα ξαδέρφια μου πήγαιναν στο σχολείο, εγώ έμενα στο σπίτι με την θεία μου ή πήγαινα στο κέντρο της πόλης.

When Nikos and my uncle went to work, and my cousins went to school, I stayed at home with my aunt, or I went to the city centre.

38

Ετοιμαζόμουν για ένα ταξίδι με τον Νίκο στην Επίδαυρο, μια αρχαία πόλη στην βορειοανατολική Πελοπόννησο, όχι πολύ μακριά από την Αθήνα.

I was preparing for a trip to Epidaurus with Nikos, an ancient city in the northeast Peloponnese, not too far from Athens.

Έχει ένα αμφιθέατρο που χτίστηκε πριν απο δυόμιση χιλιάδες χρόνια.

It has an amphitheatre which was built two and a half thousand years ago.

Ήμουν πολύ ενθουσιασμένος. Ο καιρός ήταν τόσο ζεστός, ανυπομονούσα να φύγω από την Αθήνα και να δροσιστώ στην όμορφη μπλε Μεσόγειο.

I was very excited. The weather was so hot, I could not wait to leave Athens and cool off in the beautiful blue Mediterranean Sea.

Υπάρχουν δύο τρόποι να ταξιδέψεις στην Επίδαυρο από την Αθήνα. Μπορείς να οδηγήσεις ή μπορείς να πάρεις το καράβι.

There are two ways to travel to Epidaurus from Athens. You can drive, or you can take the boat.

Ο Νίκος ήθελε να οδηγήσει επειδή θα ήταν καλή ιδέα να έχει το αυτοκίνητο του εκεί. Αλλά εγώ ήθελα να πάρω το καράβι επειδή ήταν πιο πολύ σαν περιπέτεια.

Nikos wanted to drive, because it would be a good idea to have his car there. But I wanted to take the boat, because it was more of an adventure.

Συμφωνήσαμε πως θα με συναντήσει στο λιμάνι όπου θα αποβιβαζόμουν απο το καράβι.

We decided that he would meet me at the port where I would disembark the boat.

Αποχαιρετήσαμε την οικογένεια μας, και τον Δία, και ο Νίκος με πήγε με το αυτοκίνητο του στον Πειραιά, το λιμάνι της Αθήνας.

We said goodbye to our family, and to Zeus, and Nikos drove me in his car to Piraeus, the port of Athens.

Υπήρχαν πολλοί τουρίστες, και πολλά καράβια. Κάποια καράβια ήταν τεράστια πλοία, και άλλα έμοιαζαν πολύ μικρά.

There were lots of tourists, and lots of boats. Some boats were huge ships, and others looked very small.

Ο Νίκος μου είπε πως τα μικρά ήταν πολύ γρήγορα και ονομάζονταν «Ιπτάμενα δελφίνια».

Nikos told me the small ones were very fast and called "Flying Dolphins".

Ο Νίκος με άφησε στο λιμάνι. «Θα σε δω περίπου σε τρεις ώρες!» φώναζε από το αυτοκίνητο καθώς έφευγε.

Nikos left me at the port. "See you in about three hours!" he shouted from the car as he was leaving.

Μετά την επιβίβαση στο καράβι, ανέβηκα τις σκάλες στο πάνω επίπεδο. Είχε υπέροχη θέα. Μπορούσα να δω όλο το λιμάνι, και πέρα το μπλε Αιγαίο Πέλαγος.

After boarding the boat, I ascended the stairs to the top level. It had a great view. I could see the whole port, and the blue Aegean Sea beyond.

Τελικά το πλοίο έφυγε από το λιμάνι. Στεκόμουν στον πρωινό ήλιο, ένιωθα το ζεστό θαλασσινό αεράκι και έβλεπα στο βάθος την πόλη να εξαφανίζεται.

Eventually, the ship left the port. I stood in the morning sun, feeling the warm sea breeze, and I watched the city disappear into the distance.

Μπορούσα να δω ένα όμορφο μπλε τριγύρω μου. Σκέφτηκα όλα τα αρχαία ελληνικά ιστιοπλοϊκά καράβια που ήταν σε αυτήν την θάλασσα χιλιάδες χρόνια πριν.

I could see a beautiful blue all around me. I thought of all the ancient Greek sailing ships, which were on this sea thousands of years ago.

Το καράβι έφτασε στο νησί της Αίγινας. Μερικοί άνθρωποι κατεβήκαν, και μερικοί ανέβηκαν. Το νησί έμοιαζε πολύ όμορφο.

41

The boat arrived at the island of Aegina. Some people got off, and some people got on. The island looked very beautiful.

Η θεία μου μου είχε πει νωρίτερα το πρωί πως αυτό το νησί είναι διάσημο για τα φυστίκια του. Αγαπάω τα φυστίκια, είναι οι αγαπημένοι μου καρποί!

My aunt had told me earlier that morning that this island is famous for its pistachios. I love pistachios, they are my favourite nut!

Ξαφνικά συνειδητοποίησα πως βρισκόμουν έξω από την πόλη. Μπορούσα να δω δάση και χωριά στο νησί.

I suddenly realised that I was out of the city. I could see forests and villages on the island.

Επιτέλους το καράβι έφτασε στον προορισμό μου, τα Μέθανα, το οποίο είναι το κοντινότερο λιμάνι για την Επίδαυρο. Η θεία μου επίσης μου είχε είπε πως η γη αυτή φτιάχτηκε από ένα παλιό ηφαίστειο.

Finally, the boat arrived at my destination, Methana, which is the closest port to Epidaurus. My aunt had also told me that this land was made from an old volcano.

Κατέβηκα από το καράβι, και ευχαρίστησα το πλήρωμα, που ήταν ντυμένο πολύ κομψά με τις στολές του.

I walked off the boat, and thanked the crew, who were dressed very smartly in their uniforms.

Περπάτησα στην προβλήτα, προς την πόλη, αλλά δεν μπορούσα να δω τον Νίκο.

I walked along the pier, towards the town, but I could not see Nikos.

Πού είναι ο Νίκος; Σκέφτηκα από μέσα μου. Είπε πως θα ήταν εδώ πριν από εμένα.

Where is Nikos? I thought to myself. He said that he would be here before me.

Πέρασαν είκοσι λεπτά, και ύστερα άλλα είκοσι λεπτά. Ύστερα από σαράντα πέντε λεπτά, είχα ζεσταθεί που στεκόμουν στον ήλιο, και αποφάσισα να βρω κάτι να φάω.

Twenty minutes passed, and then another twenty minutes. After forty-five minutes, I was very hot from standing in the sun, and I decided to find something to eat.

Περπάτησα στην παραλία. Υπήρχαν πολλά ωραία υπαίθρια εστιατόρια για να διαλέξω. Έκατσα σε ένα τραπέζι.

I walked along the seafront. There were lots of lovely outdoor restaurants to choose from. I sat down at a table.

«Καλό απόγευμα κύριε», είπε μια σερβιτόρα στα αγγλικά. Άφησε ένα μεγάλο γυάλινο μπουκάλι με νερό και ένα ποτήρι στο τραπέζι μου. «Τι θα θέλατε να παραγγείλετε;»

"Good afternoon, sir," said a female server in English. She put a large glass bottle of water and a glass on my table. "What would you like to order?"

Φαντάζομαι πως επειδή η περιοχή είναι τουριστική, και επειδή ντύνομαι σαν Άγγλος, για αυτό νόμιζε η σερβιτόρα πως δεν μιλάω καθόλου ελληνικά.

I imagine that because the area is touristy, and because I dress like an Englishman, that this is why the server thought I did not speak any Greek.

«Παρακαλώ», είπα, «έχω έρθει στην Ελλάδα για να εξασκήσω τα ελληνικά μου!»

"Please," I said, "I have come to Greece to practice my Greek!"

Γελάσαμε και οι δύο. «Τα ελληνικά σου δεν είναι άσχημα», είπε η σερβιτόρα. «Απο πού είσαι;»

We both laughed. "Your Greek is not bad," the server said. "Where are you from?"

«Είμαι από την Αγγλία», απάντησα, «αλλά οι γονείς μου είναι Έλληνες, οπότε ξέρω λίγα.»

"I'm from England," I replied, "but my parents are Greek, so I know a little bit."

«Α, μου αρέσει η Αγγλία», είπε. «Έχω πάει στο Λονδίνο δύο φορές. Είναι πολύ ωραία πόλη. Έχω δει και έναν αγώνα ποδοσφαίρου της Άρσεναλ.»

"Oh, I love England," she said. "I have been to London twice. It's such a cool city. I also saw an Arsenal football game."

«Δεν μένω μακριά από το Λονδίνο», είπα. «Είμαι από το Έσσεξ, το οποίο είναι βορειοανατολικά του Λονδίνου. Φαίνεται όλοι εδώ να αγαπούν το αγγλικό ποδόσφαιρο!»

"I don't live far from London," I said. "I'm from Essex, which is northeast of London. It seems everybody here loves English football!"

«Είμαι η Καλλιόπη», είπε, κάθοντας απέναντι μου. Της συστήθηκα. Δεν φαινόταν να είναι απασχολημένη. Είχε μακριά καστανά μαλλιά και πράσινα μάτια.

"I'm Kalliope," she said, sitting down opposite me. I introduced myself. She did not look very busy. She had long brown hair and green eyes.

Μιλήσαμε για λίγο. Είπε πως θα της άρεσε να δουλέψει για λίγο καιρό στο Λονδίνο. Τα πήγαμε αρκετά καλά. Έμοιαζε να είναι περίπου δύο ή τρία χρόνια μεγαλύτερη από εμένα.

We talked for a while. She said she would like to work for some time in London. We got along quite well. She looked to be about two or three years older than me.

«Είσαι ευπρόσδεκτη να μείνεις στο σπίτι μου όταν έρθεις να ψάξεις για δουλειά», είπα.

"You're welcome to stay at my house when you come to look for a job," I said.

«Αυτό θα ήταν τέλειο, ευχαριστώ!» απάντησε. Στην πραγματικότητα, πρέπει να πάρω την παραγγελία σου! Τι θα ήθελες;» με ρώτησε.

"That would be cool, thanks!" she replied. "Actually, I'd better get your order! What would you like?" she asked me.

Γέλασα. «Θα ήθελα ένα σάντουιτς, πατάτες και μια μπύρα παρακαλώ», είπα.

I laughed. "I would like a sandwich, chips and a beer please," I said.

Προσπάθησα να πάρω τηλέφωνο τον Νίκο αλλά πήγε στον τηλεφωνητή. Αναρωτήθηκα τι να συνέβει. *Μήπως έχει άσχημη κίνηση;* σκέφτηκα.

I tried phoning Nikos, but it went to voicemail. I wondered what had happened. *Maybe it is bad traffic?* I thought.

Αφού τελείωσα το γεύμα μου, πλήρωσα. Ήταν δέκα ευρώ και πενήντα λεπτά. Αποφάσισα πώς αφού δεν ήξερα που ήταν ο Νίκος, θα έπρεπε να βρω κάπου να μείνω.

After I finished my meal, I paid. It was ten euros and fifty cents. I decided that since I did not know where Nikos was, I should find somewhere to stay.

Το μόνο πρόβλημα ήταν πως δεν είχα αρκετά χρήματα για ένα δωμάτιο! Είχαν μείνει οκτώ ευρώ στο πορτοφόλι μου και η τραπεζική μου κάρτα δεν δουλεύει εκτός Αγγλίας.

The only problem was that I didn't have enough money for a room! There were eight euros left in my wallet, and my bank card did not work outside England.

Καθώς έφευγα ρώτησα την Καλλιόπη: «Ξέρεις κάπου φθηνά που μπορώ να μείνω εδώ κοντά;»

As I was leaving, I asked Kalliope: "Do you know anywhere cheap where I can stay near here?"

«Όχι και τόσο φθηνά», απάντησε. «Γιατί;»

"Not that cheap," she replied. "Why?"

Της εξήγησα την κατάσταση μου.

I explained my situation to her.

«Πρέπει να έρθεις να μείνεις στο σπίτι μου!» είπε.

"You must come and stay at my house!" she said.

Ήμουν έκπληκτος. «Είσαι σίγουρη;» την ρώτησα.

I was surprised. "Are you sure?" I asked her.

«Φυσικά», απάντησε. «Δεν μπορώ να σε αφήσω χωρίς κάπου να μείνεις απόψε! Μένω μαζί με την οικογένεια μου. Θα χαρούν να έχουν ένα καλεσμένο.»

"Of course," she replied. "I cannot leave you without somewhere to stay tonight! I live with my family. They will be happy to have a guest."

«Αυτό είναι πολύ καλοσυνάτο», είπα. «Δεν μπορώ να σε ευχαριστήσω αρκετά!»

"That is very kind," I said. "I cannot thank you enough!"

«Θα τελειώσω την δουλειά σε δύο ώρες. Μείνε εδώ, και θα πάμε με το αυτοκίνητο στο σπίτι όταν τελειώσω», είπε.

"I will finish work in two hours. Stay here, and I will drive us home when I finish," she said.

Τώρα που ήταν αργά το απόγευμα, μετά το μεσημεριανό, παρήγγειλα μια μπύρα. Έκατσα και έβλεπα τους ανθρώπους να περπατούν στην παραλία.

Now that it was late afternoon, after lunch, I ordered a beer. I sat and watched the people walking along the beach.

Σερβιτόροι στεκόντουσαν με τα μενού, προσκαλώντας τους τουρίστες να καθίσουν στα εστιατόρια τους. Μου άρεσε που όλα τα εστιατόρια ήταν έξω στον ζεστό αέρα.

Servers stood with menus, inviting tourists to sit down in their restaurants. I liked that all of the restaurants were outside in the warm air.

Ξαφνικά χτύπησε το τηλέφωνο μου. Το απάντησα. «Χρήστο, ο Νίκος είμαι!» άκουσα.

Suddenly, my phone rang. I answered it. "Christos, it's Nikos!" I heard.

Δεν το πίστευα. «Νίκο, που είσαι!;» τον ρώτησα.

I couldn't believe it. "Nikos, where are you!?" I asked him.

«Δεν θα το πιστέψεις, το αυτοκίνητο μου χάλασε λίγο έξω από την Αθήνα! Και όταν προσπάθησα να σε πάρω τηλέφωνο, συνειδητοποίησα πως δεν είχα καθόλου μπαταρία!» είπε ο Νίκος.

"You won't believe it, my car broke down just outside Athens! And when I tried to call you, I realised that I didn't have any battery!" said Nikos.

49

«Μόλις τώρα επιτέλους φτιάχτηκε το αυτοκίνητο στο γκαράζ, και μπόρεσα να φορτίσω το κινητό μου καθώς οδηγούσα. Δεν θα μπορέσω να έρθω εκεί σήμερα. Που θα μείνεις;» ρώτησε.

"Only now has the car finally been fixed at a garage, and I was able to charge my phone while driving. I won't be able to get there today. Where will you stay?" he asked.

Του εξήγησα την κατάσταση μου.

I explained my situation to him.

«Σε αφήνω μόνο σου για μερικές ώρες και ήδη έχεις γνωρίσει μια κοπέλα!» γέλασε ο Νίκος.

"I leave you alone for a few hours, and already you have met a lady!" Nikos laughed.

«Ω, δεν νομίζω πως είναι έτσι, φαίνεται καλή», γέλασα, νιώθοντας αμηχανία.

"Oh, I don't think it's like that, she seems nice," I laughed, feeling embarrassed.

Ωστόσο, όντως σκέφτηκα πως ήταν πολύ όμορφη.

However, I did think to myself that she was quite pretty.

Αφού τελείωσε την δουλεία, μας πήγε παραλιακά με το αυτοκίνητο προς το σπίτι της. Περάσαμε κτήματα με ελιές και αμπέλια. Η θέα του ηλιοβασιλέματος πάνω από την θάλασσα ήταν όμορφη. Όλα ήταν πορτοκαλί στο ηλιοβασίλεμα.

After she finished her work, she drove us along the coast to her house. We passed olive groves and vineyards. The sunset view over the sea was beautiful. Everything was orange in the sunset.

Φτάσαμε στο χωριό της, και οδηγήσαμε προς ένα μικρό σπίτι με ένα μεγάλο κήπο, το οποίο ήταν περικυκλωμένο από οπωροφόρα δέντρα.

We arrived at her village, and drove up to a small house with a large garden surrounded by fruit trees.

Βγαίνοντας από το αυτοκίνητο, μπορούσα να μυρίσω τα πεύκα στον ζεστό βραδινό αέρα. Συνειδητοποίησα πως δεν είχα ξαναέρθει στην ελληνική επαρχία και αναρωτήθηκα που θα με οδηγήσουν οι επόμενες περιπέτειες μου…

Getting out of the car, I could smell the pine trees in the warm evening air. I realised I had never been to rural Greece before, and I wondered to myself where my adventures would lead me next…

Συνεχίζεται…

To be continued…

Printed in Great Britain
by Amazon